1°

Beer en Jager

Doeschka Meijsing

Beer en Jager

Doeschka Meijsing: Beer en Jager

Maartensdijk, B for Books B.V.
ISBN: 9789085161813

Druk: HooibergHaasbeek, Meppel
Omslag: Studio Jan de Boer – Amsterdam
Redactie: Margot Engelen
Auteursfoto: Leo van der Noort

Copyright © 2010 Doeschka Meijsing /
Uitgeverij B for Books B.V.
Tolakkerweg 157
3738 JL Maartensdijk
www.b4books.nl
www.schrijversportaal.nl

Niets uit deze uitgave mag worden verveelvoudigd en/ of openbaar gemaakt, door middel van druk, fotokopie, microfilm of op welke andere wijze ook, zonder voorafgaande schriftelijke toestemming van de uitgever.

De Literaire Juweeltjes Reeks

"Ontlezing" – het onheilspellende o-woord waar heel boekenminnend Nederland overstuur van raakt. Om mensen en vooral jonge mensen op een prettige manier duidelijk te maken dat het lezen van literatuur heel aangenaam kan zijn en tegelijkertijd onze kijk op de wereld een beetje kan veranderen is een nieuwe reeks opgezet, de Literaire Juweeltjes Reeks.

Elke maand verschijnt een nieuw Literair Juweeltje, een goed toegankelijke tekst van een bekende schrijver in een mooi vormgegeven boekje. In elk deeltje staat telkens een kortingsbon waarmee voor minder geld meer werk van de schrijvers kan worden gekocht in de boekhandel.

Zo proberen we van niet-lezers lezers te maken, en van weinig-lezers hopelijk graag-lezers. Dat kan lukken dankzij de welwillende medewerking van de schrijvers, hun uitgevers, fotografen, de drukker, vormgever en Bruna BV.

Zelden was mooi lezen zo goedkoop. Laat je niet ontlezen. Of, zoals men 50 jaar geleden adverteerde: "Wacht niet tot gij een been gebroken hebt, om een reden tot lezen te hebben."

Uitgeverij B for Books, Maartensdijk

Kortingsbon t.w.v. € 2,50

Koop nu nóg een boek van Doeschka Meijsing
met deze kortingsbon!!

Doeschka Meijsing

Over de liefde

Uitgeverij Querido

Van € 12,50 voor € 10,–

Geldig van 1 september 2010 tot 30 november 2010

ISBN: 9789021437200

Actienummer: 901-76999

Deze kortingsbon kan worden ingewisseld bij
elke boekhandel in Nederland.

bruna

Dit is het eerste verhaal van Beer en Jager

Er was eens een beer die veel sliep, maar toch alles zag. Hij zag hoe de mensen hun schoenen vast strikten en hij zag hoe de mieren met suikerklontjes rondsjouwden en dat de wolken nooit langer dan dertig seconden dezelfde samenstelling hadden.

Op een mooie dag in de maand januari sloeg hij zijn ogen op en met die langzame blik van hem zag hij dat een nieuw jaar was begonnen en dat het tijd voor hem werd eens uit stappen te gaan. Hij boende zijn vel net zo lang tot het een beetje begon te knisperen en te glanzen. Hij poetste de slaap uit zijn ogen en toen liep hij door de duinen over het verende mos naar de Boshut, waar veel andere dieren waren. Er was daar een tapkast die precies groot genoeg was voor Beer om op te leunen. Dus nam hij de leunhouding aan en bestelde een glas honingwijn.

Dat smaakte. Hij vond dat er een goed jaar was begonnen.

'Cheerio,' zei hij tegen de hazenfamilie, die een luid gesprek aan het voeren was – en ze keken even op en hieven hun glas, maar hun discussie werd er niet echt voor onderbroken , toen Jager binnenkwam.

Beer zag wel hoe hij eruit zag, Jager. Hij droeg groene kousen met rode kwastjes om zijn kuiten en zijn hoed stond scheef op zijn hoofd, in de rand ervan was een fazantenveer gestoken. Beer sloot even zijn ogen, sliep bijna weer in, maar herinnerde zich juist op tijd dat er een nieuw jaar was begonnen. Hij trok zijn oogleden weer op, loenste een beetje naar Jager en zei: 'Hallo, Jager!'

'Ja,' zei Jager en hij blies eens in de loop van het geweer, dat hij tegen de tapkast neerzette, 'ik was juist naar je op zoek.' Hij bestelde een glas thee met rum en zei: 'Je hebt lang genoeg geslapen, maar ze zeiden dat ik je hier kon vinden. Hoe was je slaap?'

'O,' zei Beer, 'goed dit jaar. Er waren veel dingen die ik droomde en er zit deze keer weinig vergetensachtigs bij, dus ik heb er nog een hele klus aan. Maar dat zien we wel weer. Ik ben namelijk net wakker.'

'Nou ja,' zei Jager, 'je moet maar zien. Misschien werpt het zijn nut nog allemaal af.' Intussen keek hij scherp naar Beer. Hij zag hoe Beer zijn oogleden telkens als gordijntjes liet zakken en ze zo nu en dan even optilde om rond te kijken. Hij bestelde nog een thee, met citroen dit keer, om het af te leren.

'Wat,' vroeg Beer, 'is precies de bedoeling?'

'Tsja, ik weet niet,' zei Jager en hij blies van verlegenheid nog een keer in de loop van zijn geweer. 'Me dunkt dat we even een wandeling kunnen gaan maken. Ik bedoel, het is ons soort weer en wellicht kun jij dan voor mij uit lopen en doen of ik op jacht ben naar je.'

'In orde,' zei Beer. Maar hij bestelde eerst nog even een honingwijn en keek nog even slaperig rond naar de hazenfamilie, want hij voelde wel dat er heel wat op het spel stond met Jager, die het ook niet makkelijk leek te hebben. Toen dronk hij in één teug zijn glas leeg en zei 'vooruit' en dat ze maar eens moesten gaan.

Beer liep met zachte poten over het mos in de duinen en Jager rechtte zijn hoed en liep met zijn geweer achter Beer aan en keek naar de brede achterpoten van Beer en vond het eigenlijk wel gezellig en jammer dat hij zijn geweer mee moest nemen. Maar ja, hij was nu eenmaal Jager en hem was nu eenmaal gevraagd Beer te schieten, omdat Beer de hebbelijkheid had mensen zo hard te omarmen dat hij ze dooddrukte.

Beer intussen liep zo verend over het mos dat hij er helemaal verrukt van werd. Hij voelde dat hij dit keer wakker was geworden om maar heel kort te leven, maar het kon hem op de een of andere manier niet schelen. 'Wat vind je?' riep hij tegen de dennenbomen in de duinen die naar de zee leidden. 'Beer of geen Beer?' 'Beer, Beer,' fluisterden de dennenbomen, maar daar moet je niet te veel waarde aan hechten, want dennenbomen zijn als papegaaien – ze zeggen wat je wilt dat ze zeggen.

'Goed,' besloot Beer en hij hield halt op een duintop die op zee uitkeek, waar veel ijsriffen lagen. 'Hier dan maar?' 'Mooie plek,' zei Jager zakelijk. Beer zakte door zijn poten en ging zitten. 'Doe maar,' zei hij, 'ik heb lang genoeg geslapen. En die hazenfamilie – daar ben ik ook op uitgekeken.'

'Nou ja,' zei Jager en hij zette zijn geweer in het zand. 'Als ik er goed over nadenk, kan het ook wel volgend jaar.' 'Volgend jaar dan maar?' zei Beer, die alweer slaperig begon te worden. 'Ik vind het best,' zei Jager en toonde plotseling erg veel interesse voor de zee. 'Maar wat is er volgend jaar?' vroeg hij.

'Weet ik veel,' zei Beer en tikte met een lome poot de hoed van Jagers hoofd, omdat hij dan kon zien hoe vrolijk het zwarte haar van Jager overeind stond.

'Hoe moe ben jij eigenlijk?' vroeg Beer nog, maar hij kreeg geen antwoord, want Jager lag al te slapen in de duinpan en Beer legde zich naast hem neer.

Dit is het tweede verhaal van Beer en Jager

Op een dag zat Beer onder een zilverspar te denken wat hij eigenlijk wilde gaan doen. Het rook overal naar zout en zee, zodat het helemaal niet nodig was iets te ondernemen, maar Beer had een onrustig gevoel over zich. Hij wist dat het beter voor hem zou aflopen als hij rustig bleef liggen, zo'n beetje met een warme duinheuvel in zijn rug, maar zijn vel zat te ongedurig om hem heen. Het leek hem een goed moment om Jager op te zoeken. Hij kwam overeind uit de luie houding en liep in gedachten over het grindpad langs de berkenvijver.

Daar hield hij stil om een slokje water te drinken. Een slokje water was het aangenaamste wat hij zich op dit moment kon voorstellen. Toen hij zich voorover boog naar het gladde oppervlak van de berkenvijver, zag hij plotseling een andere Beer.

'Hee Beer!' riep hij blij verrast, 'jij ook hier? Zin in een potje rolschaatsen?' Beer had het idee dat je voortreffelijk over de paden door de duinen op rolschaatsen kon gaan, omdat je dan bijna niets hoefde te doen om van duintop naar duintop te komen en steeds andere zeegezichten te zien. Als hij liep kwamen er zoveel gedachten in zijn kop dat hij er langzamer van ging lopen en ten slotte bij een mosveldje op de grond ging liggen slapen.

'Hee Beer!' riep hij nog een eens tegen de andere Beer. Maar, hoewel de andere Beer eerst even enthousiast had geleken als hij zichzelf voelde, was het al gauw duidelijk dat de ander van het voorstel afzag. Het gezicht van de andere Beer werd treurig en nog treuriger. 'Geeft niet,' zei Beer met enige moeite. 'Weet je, ik heb niet eens rolschaatsen. Ik zou ze voor mijn verjaardag hebben gekregen van mijn grootvader – ik spreek nu van enige tijd terug – maar die stierf aan de ijsberenziekte. Dat is als je het ineens heel koud krijgt. Soms gebeurt dat. Soms ook niet.' Beer knikte en de andere Beer knikte ernstig terug. Zodat ze toch nog als goede vrienden uit elkaar gingen. Maar pas nadat Beer nog even een slokje had genomen en heel dicht bij de andere Beer zijn gezicht was gekomen.

Beer liep verder langs de kale elzen, waar de middagzon op scheen. Halverwege de afstand tussen hem en 'De Orebeet,' waar Jager woonde, hield hij halt om zijn voetzolen te inspecteren. Hij wilde zijn ene voet op zijn andere knie leggen en tuimelde achterover. Hij deed geen moeite om overeind te komen en bleef maar een beetje liggen. Hij krulde zich op zijn zij. 'Jager,' zei hij tegen het sprieterige gras, 'Jager, waarom kunnen we niet eens een goed gesprek hebben? Zojuist sprak ik nog de andere Beer, maar die is toch van de zwijgzame kant. Ik bedoel, jij en ik, wat is erop tegen?'. Die laatste vraag was zo ingewikkeld dat Beer zijn hoofd op zijn poten legde en in slaap viel.

Jager intussen had zich van zijn beste kant laten zien. Althans, zo dacht hij er zelf over. Hij had zijn huisje aan kant gemaakt en een keukenla die al sinds de herfst van het vorige jaar klemde, met boter besmeerd, zodat het allemaal weer lekker gleed. En toen had hij achter in de la een sandelhouten doosje gevonden met drie kogels erin, van een metalig blauwe kleur. Jager hield van blauw. Daarin onderscheidde hij zich van familie en kennissen, die kleuren van ondergeschikt belang vonden.

Omdat het nog ver voor het middageten was, laadde Jager vol goede moed zijn geweer met de blauwe kogels en trok erop uit. Er stond een schraal windje, dat de tranen in de ooghoeken bracht. Maar Jager wist dat hij niets had om over te huilen – zijn huisje was op orde; zijn knieën waren sterk – en zo stapte hij van duinpan naar duinpan. Bij het zevenendertigste duin zag hij beneden zich Beer liggen. 'Daar slaapt Beer,' zei hij hardop in de hoop dat Beer hem zou horen en zich uit de voeten zou maken. Maar de wind van de zee stond hoog in de verkeerde hoek en de drie woorden werden opgevangen door het helmgras achter hem en door een dode stronk hout, waarvan het bekend is dat er geen gedachten in zitten.

Terwijl Jager zijn geweer aanlegde dacht hij zonder na te denken aan zijn grootvader, die ook Jager was geweest en op een dinsdagavond tegen hem gezegd had: jongen, wat je wilt doet er niet toe, áls je maar wilt. Dit is het! dacht Jager en hij schoot twee kogels af. Een links van Beers hoofd en een rechts ervan. Beer droomde dat er links en rechts van hem een bremstruik in vliegende vaart in bloei schoot en ontwaakte. Hij ging rechtop zitten en wiegde zijn slaperig hoofd tussen zijn poten.

'Jager,' zei hij verbaasd, 'ik was juist op weg naar je toe.'

'Het gekke van de situatie is,' zei Jager, terwijl hij van het duin naar beneden daalde en zijn voeten voor het eerst die dag vol zwaar zand raakten, 'dat ik nog maar één kogel heb voordat ik aan het middageten moet.' 'Laat zien,' zei Beer. Jager ontgrendelde zijn geweer en liet de derde blauwe kogel in Beers poot glijden.

'Je moet nieuwe hebben,' zei Beer hoofdschuddend. 'Deze zijn nog van voor de oorlog. Je moet een brief schrijven dat ze je nieuwe sturen.' Jager nam zich dat voor. 'Intussen,' zei hij, 'vroeg ik me af of je ook mij zou kunnen dooddrukken.'

'Makkelijk,' zei Beer geeuwend, 'makkelijk. Wil je mijn geschiedenis horen?'

Dit is het derde verhaal van Beer en Jager (van toen ze in de duinpan lagen en het middagmaal oversloegen)

De middagzon was net over zijn hoogtepunt heen, maar de ijsriffen in de zee waren nog geen millimeter gekrompen. Dat was gek, dacht Beer. Soms kon hij zeer lang naar iets kijken zonder dat er iets veranderde. Maar als hij eens zijn ogen sloot en ze weer opende, bleek er niets meer hetzelfde te zijn. Het moest aan zijn ogen liggen; die waren niet in staat in geopende toestand de wereld er anders te laten uitzien. Hij vroeg zich af of Jager dezelfde ervaring had, maar hoedde zich ervoor het hem te vragen, want van filosofische gedachtenwisselingen tussen hen in het verleden was hem bijgebleven dat Jager altijd met de woorden van verre ooms aankwam, die Beer nooit ontmoet had en ook niet wilde leren kennen. Beers wantrouwen was slapende, maar groot.

Beer probeerde zich te bepalen tot de vraag die Jager hem gesteld had en die Jager opnieuw moest formuleren, omdat Beer in slaap dreigde te vallen.

'Blijf toch eens wakker,' riep Jager wanhopig, 'er valt op jou toch niet te jagen als je steeds in slaap valt? Je zou me je geschiedenis vertellen.'

'Dat is de geschiedenis van een ander eiland,' zei Beer, 'daar heb je niet zoveel aan.'

'Jawel, jawel,' zei Jager, die gretig was naar wat elders gebeurde, omdat hij zich, in tegenstelling tot hoe hij zich voordeed, altijd verveelde. Dat durfde hij nooit iemand te zeggen, maar het was wel zijn waarheid en hoe ouder hij werd, hoe sterker het vermoeden in hem groeide dat dát nu was wat men een tragisch lot noemde. Altijd moest hij er met zijn geweer op uit om nieuwe slachtoffers te zoeken. Maar sinds Beer op het eiland was gekomen, had Jager het idee dat er iets aan het veranderen was in zijn manier van zich vervelen. Hij was, had hij op een avond om kwart voor elf vastgesteld, nieuwsgierig geworden. Naar Beer.

Hij had Beer voor het eerst ontmoet in de Boshut en hem onmiddellijk laten weten dat hij was aangesteld om jacht op hem te maken. Van hogerhand, had hij gezegd en voor de eerste keer in zijn leven had hij zich voor die formulering waar hij altijd zo trots op was, geschaamd. 'In orde,' had Beer gebromd en toen hadden ze de avond in de Boshut nog heel genoeglijk samen doorgebracht, waarbij Jager veel te veel gepraat had, omdat dat hem de gelegenheid gaf zijn ogen niet van Beer af te houden. En Beer was dronken geworden. Eerst heel vrolijk dronken, zodat Jager zijn buik vast moest houden van het lachen om wat Beer zei. Toen Beer begon om te vallen – hij tuimelde en tuimelde – had Jager Beer bij hem in de Orcbeet laten slapen en de volgende morgen eieren met spek voor hem gebakken met de woorden: 'Je bent hier niet geweest, er is niets tussen ons voorgevallen – en nu moet je gaan.' En Beer was de duinen in gelopen en had zich de hele winter niet laten zien. Waar zou Beer zitten? had Jager zich vaak afgevraagd, maar hij had zichzelf flink toegesproken en was begonnen aan het dagelijks werk, wat hij voor zichzelf een plicht noemde. Nu hij en Beer weer samen waren had hij het daar moeilijk mee.

Hij moest eerst maar eens de geschiedenis horen van het andere eiland, vond hij.

'Tsja,' zei Beer, 'ik weet niet of ik het verhaal tot een goed einde brengen kan, want het is een lang verhaal. Maar ik kan de moeite nemen om te beginnen en dan zien wat ervan komt. Er was op het andere eiland iemand anders.'

Toen Beer dat gezegd had vond hij zelf dat hij zijn hele geschiedenis in één zin verteld had en dat leverde zowel een gevoel van tevredenheid op om de prestatie als een grote treurigheid omdat zijn lange verleden zo snel verteld kon worden. Hij wilde het liefst maar gauw in slaap vallen en wiegde zichzelf zachtjes heen en weer.

Jager begreep dat Beer het niet makkelijk had en tegelijkertijd wilde hij veel meer horen dan wat Beer als het definitieve verhaal van zijn geschiedenis beschouwde. Hij nam het initiatief door een informatieve vraag te stellen: 'Waren daar mensen van onbesproken gedrag?' vroeg hij, 'ik bedoel mensen die formulieren kunnen invullen en die precies weten hoe de naald in de draad te steken en die bij het Mens erger je niet op hun beurt letten?'

'Zeker,' zei Beer, 'een van hen heb ik nog persoonlijk de hoed van het hoofd willen slaan.'

'En?' vroeg Jager, die trots op Beer begon te worden, 'heb je dat gedaan?'

'Jawel,' zei Beer, 'het was een dor persoon. Zijn nek brak.'

Op dat moment kwam er een luid gerinkel van potten en pannen over de rand van het duin en even later verscheen de hazenfamilie op de top. Ze droegen allerlei keukengerei en sloegen met houten lepels op pannen, met de bedoeling de stilte te laten verdwijnen, omdat het volgens hun grillige tijdsberekening tijd was voor een spelletje.

'We doen wie het langst stil kan zitten,' riepen ze en op hetzelfde moment zat de hele hazenfamilie doodstil, alleen hun neuzen bewogen nog, omdat ze wel moesten.

Beer en Jager bleven loom liggen. Lang duurde het niet, toen begon de hazenfamilie alweer koortsachtig om elkaar heen te springen. Het etensgerei sprong mee. Beer wreef zijn ogen uit en zei: 'Nu je mijn geschiedenis gehoord hebt, moesten we maar eens op huis aangaan voor een middagslaapje.' 'Zie ik je vanavond in de Boshut?' vroeg Jager.

'Eventueel,' zei Beer en liep de duinen in, terwijl hij telde hoeveel tijd hij nog had voordat Jager...

Dit is het vierde verhaal van Beer en Jager
(van het andere eiland)

Het was nacht. Beer, die op zijn rug lag, wist de naam van de sterren niet. Hij besloot ze zelf een naam te geven. Hij noemde sterren: Jager de Hoed; Jager het Oog; en Jager.

'Dat is niets voor mij, zo'n Jager,' mompelde Beer, 'het is zo onrustig. Nu heten alle sterren ook al Jager. Als ik niet oppas gebeurt er nog iets verschrikkelijks met me.' Hij ging aan verschrikkelijke dingen denken; een erg pluizige vacht met kale plekken; een boek gevonden op het strand, waarvan hij de letters niet kon lezen; een slapeloze nacht die hij nu juist beleefde. En – daar had je het al – daar kwam het ergste van alles: hoe hij op het andere eiland op de boot stapte en voor de laatste keer omkeek en zag hoe iemand anders kwam aanhollen die Beer! Beer! riep.

Omdat Beer zeker meende te weten dat hij zo lang geleefd had dat het wat hem betreft wel voor gezien kon worden gehouden, was hij alle dagen druk doende van moment op moment te leven. Als hem dat niet lukte, viel hij in slaap. Wanneer het volgens reglement verliep was het een perfect systeem, dat niemand schade berokkende. De keren dat het systeem faalde, waren van een grote schrik.

'Hola,' zei Beer, 'dit gaat mis.' Hij ging snel rechtop zitten en keek om zich heen. De nacht is zo helder dat de duintoppen oplichten. De zee klinkt vlakbij en de ijsriffen liggen als witte dolfijnen tegen elkaar aan te slapen. Met regelmatige tussenpozen glijdt het licht van de nieuwe vuurtoren over alle dingen. Beer zuchtte. Wat is er toch ontzettend veel zwart op de wereld, dacht hij zonder te weten wat hij daarmee bedoelde. Deze nacht was niet echt zwart. Hij krabde zich over zijn buik en kreeg plotseling zin om te vloeken op de hazenfamilie. 'Godallemachtig wat een stelletje gedroesem. Ze leven maar van rimmel naar rad.' Het luchtte hem op.

Maar zijn kracht, de kracht binnenin Beer, was te groot om daarmee gerust te stellen. Een grote kracht vermoeit zichzelf. Het is altijd hetzelfde. De droevigste momenten in de nacht zijn ook zo helder als de duintoppen. Dan is het meegenomen als iemand nog te denken heeft aan een vriend. Ook al is dat een vriend die doden wil. Beer staat op. Hij wil wat honingwijn halen om in slaap te komen. Hij begint een liedje te neuriën. Maar houdt daarmee op.

Het licht van de nieuwe vuurtoren slaat keer op keer over het duin waar Beer is gaan liggen. Hoe was het ook al weer? Er was een lied dat hij op het andere eiland altijd zong, ook als het moeilijk was. Er waren op het andere eiland momenten geweest die je niet voor mogelijk hield. Er waren dingen, een soort licht soms, die maar één keer op die manier in het leven van een Beer konden voorkomen. Bij voorbeeld 's ochtends in november, als Beer vers brood ging halen, omdat vers brood en verse melk nu eenmaal behoren tot wat Beer noemde 'het genot dat voor geluk komt'. Dan hing er een licht over de sloten, onbegrijpelijk. De kleur ervan was van een heel licht paars. Of grijs? Kon je ook grijs zeggen? vroeg Beer zich af. Wat hem betrof kon dat.

En dan begon aan de rand van de bossen een strook te

verschijnen die schuin licht doorliet.

Oei, dacht Beer, oei, waarom denk ik nu toch de hele tijd aan het andere eiland waar ik niet meer te zoeken heb, waarom slaap ik toch niet? Je hebt er ook niets gevonden, zei een stemmetje binnen in zijn harige borst. Hij hield niet van dat stemmetje. Volgens hem was het afkomstig van een lelijk mager dier met een vuurrode staart. Iemand had hem eens, tijdens een lange avond die Beer nooit over wilde doen, verteld dat iedereen zo'n lelijk mager dier in zijn borst gesloten hield. Beer had bevreemd opgekeken naar de hazenfamilie om hem heen, die met iets te veel bier op het toep-spel aan het beoefenen was. Hadden die ook zo'n dier in hun rusteloze borsten? Zeker, zei zijn metgezel, die bij nader inzien wel erg ernstig was. En ik? had Beer gevraagd. Jij helemaal, had zijn metgezel geantwoord, daarmee Beer in grote onzekerheid achterlatend.

Sindsdien ging hij twee keer in de week bij het wakker worden zichzelf bekijken in een waterplas, waar hij die maar kon vinden. Als hij zag dat er tussen zijn ogen een frons zat, petste hij snel met een poot in het water om alles in de war te brengen en sprak: 'Lelijk, mager dier, ga weg daar tussen mijn ogen.'

Maar nu ligt hij daar en rolt van zijn ene zij op zijn andere zij. Naast zijn hoofd staat de beker honingwijn, leeg, die niet mee wil helpen om in slaap te komen. Er is geen wind en de hemel is vol gaten die licht doorlaten.

'Jij kunt altijd de boot van kwart over zes nemen naar

het andere eiland,' zei Beer hardop om zichzelf gerust te stellen. 'Je kunt morgen altijd nog de boot nemen.' Maar hij wist dat de volgende dag weer boordevol ingewikkelde dingen zou zitten, die het nodig maakten om veel te slapen. Die boot zou hij wel missen. Bovendien was Jager er nog. Zou Jager hem soms laten gaan, zomaar? Zou hij niet, als Beer juist op de loopplank liep, zijn geweer afvuren? Of hem door instanties laten arresteren, juist als hij aan het loket een kaartje voor de boot kocht? Stiekem hoopte Beer het laatste.

Dan zou hij opgesloten worden in de kelder van de Boshut en zo nu en dan zou Jager hem moeten opzoeken om strenge vragen te stellen. Beer krulde zijn tenen. Hij zou alles op moeten biechten van het andere eiland, wat Jager dan zorgvuldig op moest schrijven op een bloknootje. Hij zag voor zich hoe Jager telkens likte aan de punt van zijn potlood – en zo nu en dan zuchtte. Beer nam zich voor om zo veel te vertellen dat het uren zou duren en ook de volgende dag in de kelder van de Boshut nog eens uren en uren. Misschien kon hij Jager met al les wat hij vertelde wel in de war brengen, zodat die alles door elkaar ging halen en helemaal vergat dat hij zijn geweer had meegenomen.

Toen Beer zo ver gekomen was met zijn gedachten wist hij niet meer of hij nu bij het loket een kaartje aan het kopen was, in de kelder van de Boshut met Jager zat, of in de duinpan lag. Het laatste was het geval.

De zee rolde in zijn oren, die het niet meer hoorden.

Het licht van de vuurtoren zwiepte keer op keer over hem heen zonder dat hij het merkte. Beer sliep.

Er valt een ster. Er is niemand om het te zien.

Dit is het vijfde verhaal van Beer en Jager

Wat was het eerste dat Jager riep toen hij de volgende morgen wakker werd? In de donkere uren van de ochtend had het gesneeuwd en nu lagen er witte toppen van poeder rond de Orebeet. De zon viel door het spijlenraampje op Jagers bed en kriebelde in zijn neusgaten. Hij moest niezen, opende zijn ogen en riep: 'Wat is het toch verdraaid prettig om op dit eiland te mogen zijn! Wat is het hier toch heerlijk!' Daaruit valt wel op te merken dat het humeur van Jager op een hoog peil stond. Hij had namelijk de hele nacht, de nacht dat Beer niet kon slapen, geen moment aan Beer gedacht. En ook op deze wit blinkende morgen kwam Beer zijn hoofd niet binnen.

Waar zijn mensen en dieren als ze niet in ons hoofd zitten? Als je zo iets aan de hazenfamilie zou vragen, zouden ze in koor roepen: 'Dan zitten we thuis en poetsen we onze bedjes, waar is waar!' Maar Beer bij voorbeeld dacht daar anders over, hoewel hij er nooit met iemand over sprak. Beer was van mening dat mensen en dieren – als je niet aan ze dacht – gewoonweg niet bestonden, dan waren ze nergens. Er was geen enkele wereld waar ze plaats innamen. Als hij over deze zaken aan het peinzen was, probeerde hij het wel eens uit. Dan wilde hij alleen op de wereld zijn en deed zijn best aan geen enkel ander dier of mens te denken. En, nu komt het vreemde, dat lukte nooit. Direct sprongen zijn vader en moeder, zijn broers en zusjes zijn hoofd binnen, winkeliers van vroeger en andere beren met wie hij wel eens een dutje gedaan had. Het was een gedrang van jewelste. Zelfs als hij sliep gebeurde dat. Er was geen ontkomen aan.

Alleen als hij neuriënd door de duinen liep, vol goede moed na een paar glazen honingwijn, en er een vlucht wilde ganzen boven zijn hoofd scheerde met dat merkwaardige lawaai dat ze maken, was hij alleen op de wereld en was zijn hoofd leeg. Dan was het probleem niet aan de orde.

Terwijl in de Orebeet het spek in de pan lag te sissen en de eieren gebroken werden, overwoog Jager dat het vandaag zaterdag was en dat hij, op weg naar bakker Klontje om een suikerbrood te kopen, wel eens koffie kon gaan drinken in de Boshut.

In de Boshut stampte hij de sneeuw van zijn schoenen, hing zijn hoed aan de kapstok en knikte tevreden. Wat hij gehoopt had bleek uit te komen: Lange speelde een partita van Bach op de piano in de belendende zaal. De muziek klonk dwars door de gesprekken van de hazenfamilie heen, die driftig gedachten uitwisselde over de toestand van het wolkendek.

Lange was een belangrijk man, rechter van beroep. Als een mens of dier zich had misdragen, stuurde hij ze onverbiddelijk van het eiland, zodat ze in ballingschap wegkwijnden. In het ergste geval werd iemand bij paal 3 op een vlot gezet, met water en een hard stuk brood. Alle inwoners van het eiland duwden het vlot de zee in en dan moest zo'n misdadiger het zelf zien te redden. Dat vermaak was in Jagers tijd twee keer voorgekomen. Een keer bij een kinderlokker die de Kobbeduinen onveilig maakte. En toen nog een keer bij een zwanenechtpaar dat het eiland terroriseerde. Die laatste keer was op een teleurstelling uitgelopen omdat de zwanen hooghartig van het vlot afstapten en naar Engeland koersten.

Jager zette zich met een kop koffie en een Beerenburger aan een tafeltje bij het raam en stak een pijpje op. Hij stond op het punt met de pianomuziek te gaan meeneuriën, toen die onderbroken werd. Lange kwam de gelagkamer binnen en stak joviaal zijn hand op naar Jager. Even later zat ook hij met een koffie en een Beerenburger bij Jager aan het tafeltje. Ze spraken over de sneeuwkansen en rookten allebei blauwe wolken naar het plafond. 'En hoe staat de zaak met Beer?' vroeg Lange plotseling en keek Jager vriendelijk aan.

Jager voelde het behaaglijke in zijn borstkas in één klap verdwijnen. Beer! Nu moest hij weer aan Beer denken. De kachel brandde te hard, zijn koffie was lauw en de dag was stuk. 'We moeten die zaak toch eens een beetje beginnen aan te pakken,' zie Lange. 'Vorig jaar, was het niet augustus? is het besluit gevallen en naar mijn beste weten zijn we nog geen stap verder.'

'Och,' zei Jager zo nonchalant mogelijk, terwijl zijn hart in zijn keel klopte, 'zo'n Beer doet een lange winterslaap. En het voorjaar is laat hier in het noorden. Ik heb nog geen knop aan de bomen gezien.' Dat laatste was niet waar, maar Jager vertrouwde erop dat Lange, als hij buiten liep, over zijn halve bril heen keek en dan alles niet zo scherp kon zien. 'Zeker,' zei Lange, 'we hebben een lange winter gehad, ik heb veel piano moeten spelen. Maar er komen betere tijden en dan zou ik toch graag zien dat we de zaak met Beer afhandelen.'

De hazenfamilie was intussen al redetwistend steeds meer in de richting van hun tafeltje opgeschoven en toen ze zagen dat de glaasjes van Jager en Lange leeg waren, riepen ze naar de tap dat iedereen nog een rondje moest drinken op hun kosten. Jager had liever weg gewild, maar hij zag dat hij er niet onderuit kon. Behoedzaam probeerde hij het gesprek een andere richting te geven. Het weer was nu als onderwerp taboe en van muziek wist Jager helaas niets af, omdat zijn vader hem toen hij jong was voortdurend de buitenlucht in had gestuurd. Om een echte Jager te worden.

En jawel hoor, daar zou je het hebben. 'Die Beer,' zei Lange peinzend, 'die komt toch ook wel eens onder de mensen? Zou die nooit eens hier te betrappen zijn?' 'Nooit,' zei Jager fluisterend maar beslist. 'Ik heb hem hier nog nooit gezien.' Zijn stem was hees en dapper. Maar hij had buiten de lange oren van de hazenfamilie gerekend. Ze staken hun lepels recht omhoog. 'Beer?'

riepen ze in koor. 'O, daar hebben we wat mee meegemaakt. Dat is de lolligste Beer ter wereld als ie dronken is. Wat hebben we laatst nog met hem gelachen, hè jongens?'

Lange keek met opgetrokken wenkbrauwen naar Jager en zijn mondhoeken krulden naar beneden. 'Ik niet,' zei Jager hakkelend, 'ik heb nooit om hem gelachen.' 'Welles!' riep de hazenfamilie, 'je hing over de tapkast van het lachen en je kreeg de hik. Maar wat is er dan? Wat is er met Beer?'

'Ik was toen misselijk,' zei Jager, 'ik voelde toen een zware bal gehakt in mijn buik. Die lag niet goed.'

Lange wuifde met zijn handen, alsof die bal hem niet interesseerde. 'Hoe dan ook,' zei hij, 'we komen er wel uit. De stukken liggen klaar en jij doet je best. Binnenkort loopt alles weer op rolletjes.' Hij wilde nog een glas bestellen, maar Jager wimpelde dat af omdat hij nog nodig een duin moest inspecteren. Jager nam afscheid. Ook van de hazenfamilie, die Bach begon te vertolken volgens de regels van de Swingle Singers.

Treurig liep hij door de straten van het dorp. Waarom had hij toch gezegd dat hij Beer nooit gezien had? Op rolletjes, schamperde hij, denkend aan Beer, die zo graag op rolschaatsen over het eiland zwierde. Uit de huizen kwam de beur van gebakken lever met uien, en gebraden rollade. Het was etenstijd. Iedereen had de tafel gedekt, maar Jager liep zijn eigen huis voorbij, de duinen in totdat hij bij zee kwam. Die rolde en rolde maar. Over het brede strand woei een laagje stuifsneeuw. Jager tornde tegen de wind op naar de vloedlijn. Hij stapte in het water en keek uit over de groene, grijze vlakte. Ik ben geen knip voor m'n neus waard, dacht hij. M'n hoofd zit vol met Beer, maar niet op de manier waarvoor ik betaald word.

En toen werd hij plotseling kwaad op alles; hij draaide zich om en beende driftig landinwaarts. Wat heb je eigenlijk gedaan Beer? vroeg hij zich af. Hoe meer hij zichzelf die vraag voorhield, hoe sneller hij begon te lopen. Wat heb je eigenlijk gedaan? mompelde hij hardop. Op het laatst riep hij luidkeels: 'Wat heb je gedáán Beer??? Wat heb je eigenlijk gedáán???'

Hie-ie-ie, hoorde hij, alsof de wind antwoord gaf: hie-ie-ie. Hij keek om zich heen, maar het strand was leeg. Er rolde een plastic zakje over het zand.

Daar zag hij op de dichtstbijzijnde duintop Beer staan. De zon viel zijdelings op zijn flanken. Zijn rechterflank gloeide roestbruin op. Hij stond op zijn brede achterpoten en wenkte met zijn voorpoten. Hij leek groot, zo tegen de hemel met wolken. 'Hier! Hier!' riep Beer. Want Beer had Jager horen roepen: 'Waar heb je gestaan Beer? Waar heb je gestáán?' En omdat hij niet de indruk wilde wekken dat hij altijd lag te slapen, had hij Jager geantwoord.

Jager ploegde zich door het mulle zand naar boven en ging in de hurkzit tegenover Beer zitten, die zich op zijn zij had gerold. Zijn geweer legde hij, met de loop naar het noorden, op zijn knieën. Wat is zijn vacht mooi roodbruin, dacht Jager. Zijn opgewekte stemming van de ochtend was geheel verdwenen. Hij voelde nu geen bal gehakt, maar een bal van lood tussen zijn ribben zweven. Niks stak meer goed in mekaar.

'Wat heb je eigenlijk gedaan Beer?' vroeg hij.

Dit is het zesde verhaal van Beer en Jager (waarin Beer uitlegt wat grote dingen zijn en wat kleine)

Beer wist op dat moment zeker dat hij de aanwezigheid van Jager, waar hij meestal naar uitzag, onprettig vond. Door zijn half gesloten oogleden heen zag hij hoe Jager de loop van het geweer glimmend poetste met de mouw van zijn jas en een beetje spuug. Hij zou mogen blijven als hij niet altijd zoveel vroeg dacht Beer, hij heeft een slechte opvoeding genoten, waarschijnlijk zo een waarbij men elkaar niet met rust laat, waarbij men alle kamers maar in en uit loopt en voortdurend informeert wat iemand van plan is. Jammer.

Als het aan Beer lag, dan mochten de mensen alleen maar wat bij elkaar zitten rond een tafel en verhalen vertellen die niet te lang duurden en nergens over gingen. Het denken deed je zelf wel; binnen je eigen hoofd kon je jezelf per dag wel een miljoen vragen stellen. Dat was enerverend genoeg. Ging je die vragen anderen voorleggen, dan heerste er binnen de kortste keren grote verwarring. Je moest ermee oppassen.

Zo zaten ze lang bijeen, de poetsende Jager en de Beer die een hekel aan hem had. De lucht kleurde donkerder, de zee had nog maar één streep licht van een laag hangende zon en op het booreiland waren de lampen al opgegaan. Vlak langs hen trokken twee fazanten in deftige pas, niet opgeschrikt door de twee doodstille figuren op de duintop. Vanuit het dorp begonnen etensgeuren naar het strand te waaien. Wat heb ik eigenlijk gedaan? vroeg Beer zich na lange tijd in zijn hoofd af. Dat is een vraag van zo'n ongelooflijk gewicht dat je hem het beste lange tijd voor je uit kunt schuiven. Tenminste als je nog een beetje vrolijk dansen en drinken wilt – en veel wilt slapen. Maar Beer voelde dat de vraag nu tussen Jager en hem in hing en dat er van slapen voorlopig niets zou komen als hij niet begon aan iets dat op een antwoord zou lijken. Hij ging overeind zitten en klopte het zand uit zijn oren.

'Jager,' zei hij, 'je weet dat ik niet goed ben in praten en zeker niet over zulke ingewikkelde kwesties als jij nu aansnijdt. En eerlijk gezegd werk je me met dat beroep van jou op de zenuwen. Maar omdat je me na mijn eerste avond in de Boshut bij het ontbijt eieren met spek hebt voorgezet, zal ik een poging wagen deze kwestie op te helderen.' Hij pauzeerde even omdat hij licht verontrust werd over de toon van het begin van het verhaal, die hem iets te deftig voorkwam. Hij gooide het over een andere boeg.

'Er zijn grote en kleine dingen,' zei hij en zweeg. Ja,

er zijn grote en kleine dingen. Een huisje is klein als het bij een vuurtoren staat en de wind is groot als hij om de eenzame vuurtoren waait. En de nacht is groter dan wij allemaal bij elkaar. De wind loeit om Beer en Jager op de duintop heen. Ze hebben het allebei koud, vooral Jager, maar die kijkt strak naar de zee en weet dat hij nu niet op kan stappen. 'Ik heb,' zei Beer, 'bij voorbeeld een grote hekel aan brieven schrijven.' Jager wilde zeggen dat dat helemaal niet ernstig was, dat de posterijen zonder de brieven van Beer heel goed draaiden en bovendien – hijzelf was toch gewoon in de buurt van Beer? Maar aangezien Beer nu eindelijk eens geen aanstalten maakte om in slaap te vallen, hield hij zijn mond.

'Zo komt het,' zei Beer, 'dat ik mijn vrienden op het andere eiland nooit meer iets van me heb laten horen na mijn vertrek. En dat terwijl ze me bij het afscheid een pot met bruine inkt hebben meegegeven om in bruin elke vriend te kunnen schrijven hoe het hier met me gaat. Hoe ik Jager ontmoet heb die van die puntige oren heeft en zwart haar dat altijd overeind staat en die mij... hm, ik weet eigenlijk niet precies waarom hij niet op mij schiet.' Jager spoog verlegen nog een keer op de loop van zijn geweer en begon weer te poetsen. 'Dus heb ik na verloop van tijd geen vrienden meer,' zei Beer. 'Nu.' 'Is dat nu een groot of een klein ding?' vroeg Jager, die een steek in zijn borst voelde toen Beer zei dat hij geen vrienden meer had. Beer schudde zijn hoofd over de zoveelste vraag van Jager en hij moest het uiterste van zichzelf vergen om toch door te gaan.

'Vroeger was alles anders,' vervolgde hij, 'de winterslaap die we hielden was veel korter dan nu. We maakten elkaar vroeg wakker om erop uit te trekken. We maakten lange dagen in de bossen en als de nacht viel gingen we bij elkaar liggen en sloegen we de poten om elkaar heen en gromden en beten en likten. En als het weer licht werd zetten we op het gras lange rijen met honingpotten neer, waar iedereen op afkwam, allemaal met een cadeau. Sommigen hadden emmers met bramen geplukt, of ze hadden rollen papier bij zich waarop getekend en geschreven kon worden; anderen brachten interessante verhalen mee, die ze gehoord of gelezen hadden, waarop wij dan discussieerden en vragen stelden. En ik speelde viool,' zei Beer, 'ik speelde de hele dag viool voor allemaal.' Ze mochten alle nummers vragen die ze wilden. Heel populair was de The Teddy Bear Song. Een goede tweede plaats nam het duet tussen Carmen en José in, uit de tweede akte van de opera van Bizet. Je weet wel, waar Carmen danst voor José en het leger La Retraite blaast.'

Jager knikte of hij het wist, maar zoals gezegd wist hij niets van muziek en alles van de buitenlucht. Beer begon te zingen en hij deed het nogal krachtig: la la la la la laha laha laha ha... la hahahaha ha... De wind waaide zijn gezang weg, de kant van de zee op, zodat alleen een visser te midden van de golven er iets van had kunnen opvangen. Daar was echter geen boot te bekennen, want het weer was niet geschikt. Beer besefte dat zijn gezang iets belachelijks kreeg, daar boven op het koude duin, en hield abrupt zijn mond. Zijn hele verhaal kwam hem overbodig voor. Er zijn bosgronden en er zijn duingronden en je moet het verschil het verschil laten vond hij plotseling. Er ligt immers oneindig veel zee tussen twee eilanden. Wat een onzin was het überhaupt om op de vragen van anderen in te gaan. Hij begon geïrriteerd een bosje helmgras te kammen.

Jager had het intussen zo koud gekregen dat hij alleen nog maar kon rillen. Hij verplaatste zich in de luwte van Beer en trok zijn hoed diep over zijn oren. Zorgvuldig lette hij op dat de loop van zijn geweer op het noorden gericht bleef en niet op Beer.

'Wat gebeurde er toen?' vroeg hij klappertandend aan de rug van Beer. 'Ik bedoel, waarom hield het allemaal op? Waarom ben je er niet gebleven?' En toen Beer geen zin bleek te hebben in een antwoord, stootte hij met de kolf van zijn geweer in Beers flank. 'Schei uit,' zei Beer zacht, 'als je dat ding wilt gebruiken, dan graag met de goede kant. Maar voordat je dat doet,' voegde hij er na enig nadenken aan toe, om het Jager niet al te moeilijk te maken, 'zal ik je het kleinste antwoord geven dat ik bedenken kan: ik trapte in een doorn.' Terwijl Jager zich bibberend afvroeg wat daar zo erg aan was, ging Beer alweer door: 'Op een dag trapte ik op een wilde braamstruik en een doorn stak in mijn voetzool. Maar wat kon mij de pijn schelen? Het was een hele opgewekte dag, dus ik besteedde er niet te veel aandacht aan. Ook de weken daarna niet. Maar op een dag werd ik wakker en toen wist ik dat diep in het vlees van mijn voet een doorn stak die ik verwaarloosd had en dat het nu te laat was om hem eruit te halen. Van toen af werd alles nooit meer zoals vroeger,' zei Beer en hij wiegde zichzelf heen en weer. Hij besloot er verder het zwijgen toe te doen.

Jager schoof voor de warmte twee en een halve centimeter naar Beer op. Ik moet nu doen wat Lange me opgedragen heeft te doen, dacht hij, maar ik bibber te veel van de kou en hier tenminste, in de luwte van Beer, heeft de wind weinig vat op me. Ik zou zo de nacht wel kunnen doorbrengen als het moest. Het zou erop lijken dat ik goed tegen de buitenlucht kon en dat ik Beer bewaakte. Iedereen kan zien dat ik mijn werk doe. Niemand hoeft over me te klagen. Maar er was iets aan de situatie dat hem niet beviel, en dat was niet alleen de wind.

'Kom Beer,' zei hij, 'we gaan naar huis. Je logeert bij mij.'

'Sta je erop dat ik met je meega?' vroeg Beer, die Jager in zijn functie niet wilde belemmeren. Jager bevestigde dat. Ze kwamen allebei langzaam overeind en liepen over de duintoppen langs het strand in de richting van de vuurtoren. Jager kon het niet laten een laatste vraag te stellen. 'Die doorn,' vroeg hij, 'deed die erge pijn?' 'Ja,' antwoordde Beer, 'hij begon te zweren en wel zo erg dat ik van de koorts en de pijn eerst mijn viool in tweeën brak en toen ook nog iemand anders.'

Beer, dacht Jager, o Beer.

Als silhouetten tegen de hemel met koude sterren kun je ze over de duintoppen zien lopen. De grote Beer met zijn langzame, elegante loop en de rillende Jager, die een ongekend verlangen met zich meedraagt.

Dit is het zevende verhaal van Beer en Jager

De stemming was in mineur toen Jager en Beer in de Orebeet aankwamen. Jager overvielen zulke rillingen dat hij het niet waagde nog een opmerking te maken en Beer was al helemaal niet te spreken. Die ging met zijn rug tegen een keukenkastje zitten en probeerde uit alle macht zijn mooie dikke poten van het duinzand te ontdoen.

'Wat staat er op het programma?' vroeg hij ten slotte aan Jager, die met takken berkenhout in en uit liep. 'Vuurtje,' zei Jager bibberend. 'Belachelijk,' zei Beer, 'bij deze temperatuur.' Dat waren de enige woorden die ze wisselden. De wind loeide om het huis zodat de luiken rammelden, en Jager maakte zwijgend een vuurtje van berketakken waar hij houtskool op gooide. Hij had een lange gietijzeren staaf, waarmee hij in het vuur pookte, en toen er geen vlammen meer waren, maar alleen de rode gloed, deed hij de ronde door zijn huisje en grendelde alle deuren. Het beste is als we nu allemaal gaan slapen, dacht hij, dan komen er de minste moeilijkheden. Hij zette zijn hoed af, legde zijn geweer op de grond en ging ernaast liggen, dicht bij het vuur vanwege de warmte, trok zijn knieën op tegen zijn kin en viel in slaap.

Het was Beers idee geweest om ook zo gauw mogelijk in slaap te sukkelen, maar het zat hem niet mee. Op een onverklaarbare manier was hij helder en wakker. Het ergste was nog dat hij niets van honingwijn zag in de keuken van Jager. Er waren alleen de gloeiende kooltjes, die het hoofd van Jager belichtten, en de storm rond het huis. Mooie boel.

Wat zou ik doen als ik Beer was? vroeg hij zich af. Hij stelde zich voor hoe hij zacht stommelend door de Orebeet zou lopen, zo nu en dan uit nieuwsgierigheid een kastje zou openen om te kijken hoe Jagers leven er achter die kastdeuren uitzag, hoe hij de vijf noten zou kraken die hij vanuit zijn positie kon zien liggen op de vensterbank bij de keukendeur. Hij zou ze oppeuzelen en dan zou hij gewoon met een slag van zijn poot de keukendeur ontgrendelen en naar buiten lopen, naar de een of andere beschutte duinpan om daar te gaan slapen. Want zo'n huisje is niks voor een Beer.

Maar hij bleef zitten en verroerde zich niet. Er was nog maar korte tijd te leven, vermoedde hij en als dat zo was vond hij het waardiger om zo weinig mogelijk van zijn kracht te tonen. Althans tegenover zo iemand als Jager, wiens gezelschap hij op prijs stelde, bij uitzondering. Want Beer had een probleem: in tegenstelling tot vroeger vond hij niemand meer leuk. Iedereen praatte en vroeg, of had een overtuiging, terwijl Beer, zo had hij in de maand oktober geconstateerd, zelf niets meer vond dat de moeite van het praten waard was. Je deed het zo nu en dan, om niet uit de running te raken, maar het eigenlijke werk was het niet. Niet dat hij zich in een nieuw leven wilde storten, waarin hij bij voorbeeld zwijgend zou helpen bij het opwerpen van een nieuwe dam bij het wad. Nee, het was er gewoon de tijd niet naar om veel te zeggen. Jager, dacht Beer terwijl hij keek naar het ronde hoofd van de slaper, was tenminste iemand die wel veel weten wilde, maar die, als het erop aankwam, te verlegen was verlangens in daden om te zetten. Hij was in ieder geval ongeschikt voor zijn beroep. Daarom bleef Beer graag bij hem in de buurt.

Daar zat hij tegen het keukenkastje.

Alles is mogelijk, zei hij bij zichzelf, alles wat ik bedenken kan. Stel dat ik nu bedenk dat het nogal raar is dat ik niet doe wat ik zou doen als ik Beer was en in een dergelijke penibele toestand verkeerde, dan zou menigeen concluderen dat ik niet Beer ben. Het gekke is dat ik dat wel ben. Op het andere eiland zou ik hierover in discussie gaan. Maar daar ben ik niet meer. Dus wat heeft het voor zin om met dit soort vragen in mijn hoofd te blijven rondtollen? Als ze er zijn, laat ik ze komen. Ik leg ze niet aan Jager voor, ik mag hem niet belasten met wat hij uit moet voeren. Hij slaapt nu en heeft het klaargespeeld mij uit mijn diepe slaap te houden. Hij heeft van dat grappige haar. Beer vond dat genoeg om er nog een tijdje naar te kunnen kijken.

En Jager? Jager droomde.

Hij was helemaal alleen op het eiland. De winter was zo koud dat de zee elke nacht een stukje bevroor. Als hij erlangs liep zag hij zo ver hij kon kijken een spoor van glinsterende ijsschotsen. De boten voeren niet meer en alle anderen, ook de hazenfamilie en Lange en zelfs de instanties, waren naar het vasteland getrokken voor een voorlichtingsfilm over de fabricage van suiker. Waarom suiker? vroeg Jager zich in zijn droom hardop af en Beer, die niet sliep, hoorde hem zeggen: 'Waar te duiken?' Maar er was niemand om het te vragen. Zijn enige gezelschap bestond uit een meeuw, die met nogal onheilspellende berichten overvloog maar het vertikte om ze Jager persoonlijk te overhandigen.

Plotseling wist Jager met grote stelligheid dat de berichten over Beer gingen. Beer zou, ergens in de buurt van de grote rivieren in gevaar zijn. Er waren kettingen om hem heen gelegd en ze hadden hem een rode muts over zijn kop getrokken, waar slechts vier gaten in waren uitgespaard, twee voor de ogen en twee voor de oren. Het gaat helemaal niet goed met Beer, dacht Jager, als ik hem niet te hulp kom loopt alles verkeerd af. Loffjoehus, dacht hij, typisch droomwoord, dat voor Jager op dit moment veel betekenis had, maar dat hij zich nadat hij wakker werd nooit meer zou herinneren.

Hij liep zo hard hij kon over het pad langs het wad naar de haven en keek uit over de bevroren zee. De schotsen reikten ver, maar niet ver genoeg om het land te bereiken. Hij nam plaats op de aanlegsteiger en wachtte.

Hij wachtte dagen en nachten en de wind woei om het eiland en het ijs groeide aan en Jager kreeg het kouder en kouder (de gloeiende kooltjes in de open haard zijn nu echt helemaal gedoofd), maar hij hield vol. En toen, eindelijk, was de zee dicht en Jager sprong van schots naar schots. Maar de schotsen dreven achteruit en hij kwam geen stap verder. Ik kom eraan Beer, dacht hij verbeten. Niets hielp. Hij kwam niet verder dan achtendertig meter en drieënvijftig centimeter van de haven. Met een huivering werd hij wakker en ging rechtop zitten. Hij streek met zijn handen door zijn haar en vroeg zich af waar hij nu eindelijk was. Om zich heen kijkend ontwaardde hij de gestalte van Beer tegen het keukenkastje. 'Verdraaid Beer,' zei Jager, 'heb je geen rode muts op je kop?' 'Nee,' bromde Beer, 'ga slapen!' En Jager gehoorzaamde tevreden.

Maar Beer bleef treurig achter in het donker en dacht aan veel dingen.

Dit is het achtste verhaal van Beer en Jager (het verjaardagsverhaal)

Jager werd wakker door het gestommel van Beer. Die opende en sloot alle keukenkastjes. De storm was gaan liggen. Het was stil rond de Orebeet. De zon scheen naar binnen, het kon een mooie dag worden. Jager rolde zich op zijn zij en keek een tijdje hoe Beer bezig was zijn kop in de keukenkastjes te steken. 'Goeiemorgen Beer,' zei hij.

'Ik vind alleen maar waspoeder,' mopperde Beer, 'heb je geen honingkoffie?' Jager zei dat het hem speet. 'Goeie genade,' mopperde Beer verder, 'wat een huishouden van Jan Steen.' En hij ging voor de keukendeur mistroostig naar buiten zitten staren.

Jager besefte dat het vandaag niet de gelukkigste dag voor hen beiden zou worden. Zwijgend begon hij boterhammen met pindakaas te smeren en hij herinnerde zich hoe hij vroeger zulke boterhammen at tegen de muur van het schoolplein. Pindakaas maakt eenzaam. Hij reikte Beer een achtdubbele boterham, want voor een Beer is dat noodzakelijk en zelf nam hij een dun boterhammetje omdat hij niet in een goed humeur was. Kauwend liep hij naar de voordeur om de post van de mat te halen.

Als hij het niet gedacht had! Daar lag een brief van Lange. 'Geachte Jager, amice,' schreef Lange. 'Gisteravond at ik met de Commissie Onderzoek Wanhoop of Beestachtigheid. Het was uiterst geanimeerd en copieus. We aten eerst oesters en daarna een klein schildpadsoepje, gevolgd door groene tagliatelle en een tongetje met wortelties en gebakken aardappelen. Toe nam ik chocoladetaart en bij de kaas dronken we een voortreffelijke port uit 1947. Maar zo kan het niet langer. We waren het erover eens dat de zaak Beer vandaag of morgen zijn beslag dient te krijgen. Arresteer Beer. Als hij probeert te vluchten, schiet je hem in zijn poten, maar zorg in ieder geval dat we met het proces kunnen beginnen. Als bijlage sluit ik alle persoonlijke gegevens over Beer bij. Als belangrijk persoon reken ik op je, amice. Was getekend Lange. P.S. O ja, we rookten natuurlijk een prima sigaar.'

Ongelukkig staarde Jager naar de brief en de bijlage. Het zou er nu toch van moeten komen. Had ik mijn droom maar afgemaakt, dan was dit niet gebeurd, dacht hij. En toen zag hij iets waarvan hij grote ogen opzetten. Hij liep op een holletje naar de keuken. 'Beer,' riep hij, 'Beer, ik lees hier dat je vandaag jarig bent.'

'Dat is het nu juist,' mompelde Beer, 'dat ik op een dag als vandaag uitgerekend jarig moet zijn. Maar ja, één keer in het jaar moet het. Waar lees je dat?' Jager dacht razendsnel na. 'Vanwege mijn positie krijg ik elke maand een lijst van verjaardagen van alle eilandbewoners en vandaag was het jouw beurt.' Bij deze verspreking verslikte hij zich in zijn pindakaas. Hij hoestte verschrikkelijk en Beer probeerde hem heel zacht op de rug te kloppen. Toen hij uitgehoest was en de tranen uit zijn ogen wreef, kwam er een plan bij hem op.

'Beer,' zei hij, 'jij blijft hier zitten voor de keukendeur, je gaat in geen geval naar buiten, je tikt niet tegen het raam als er iemand langskomt en je doet niemand open. Begrepen?' Natuurlijk had Beer dat begrepen. Vandaag zou hij doodgaan of weer een stukje doodgaan, maar zo belangrijk vond hij dat al niet meer. Hij had genoeg nagedacht in dit leven: voordat er een Beer was, was er geen Beer en na vandaag was er wellicht ook geen Beer meer.

Eén Beer, geen Beer, wat was het verschil?

Jager rende het huis uit, zo snel dat hij vergat zijn hoed te pakken. Hijgend en blootshoofds kwam hij de Boshut binnen. En met een hoogrode kleur op zijn wangen stormde hij de muziekkamer binnen, waar Lange een partita van Bach speelde. Zonder zich te verontschuldigen onderbrak hij Lange. 'Ik heb Beer gezien,' zei hij buiten adem, 'ik weet waar hij zich bevindt. Ik kan vandaag jacht op hem maken.'

'Mooi, mooi,' zei Lange, 'ik roep vanmiddag de Commissie bijeen,' en hij wilde weer verder spelen. Maar Jager legde zijn geweer op de toetsen. 'Wacht even,' zei hij, 'ik heb mankracht nodig. De hele hazenfamilie. Maar verder moet iedereen zich erbuiten houden. De instanties mogen vandaag niet voorbij de Berkenplas komen. Als dat gebeurt is alles verloren.' Lange knikte en begon voor Jagers ogen een brief te schrijven die verordende dat ieder die zich vandaag voorbij de Berkenplas ophield, zwaar gestraft zou worden, met name de instanties. Dit in verband met lopend onderzoek van de Commissie Onderzoek Wanhoop of Beestachtigheid. Hij spijkerde het aan de deur van de Boshut.

Jager nam afscheid door mee te delen dat het een moeilijke vangst zou zijn die de hele dag in beslag zou nemen, maar dat hij de volgende morgen present zou zijn. Hij tikte aan zijn denkbeeldige hoed en rende door het dorp over het pad naar de vuurtoren. Daar ging hij zitten, steunde zijn kin in zijn handen en staarde over zee. Als vanzelf, alsof het bij wijze van spreken de afgelopen nacht bij hem geboren was, kwam er een lied in zijn hoofd op. Hij sprong op, zette zijn handen aan zijn mond en riep met de westenwind mee over de duinen: 'Alle hazen opstaan! Hier komen! Belangrijk werk!'

Alle hazen, sommige nog thuis, andere al op pad, staken hun lepels op en hoorden de stem van Jager en ook als ze maar flarden verstonden van zijn boodschap – ze begrepen dat ze naar de vuurtoren moesten komen. Daar kwamen ze van alle kanten, een voor een, totdat ze er allemaal waren, de hele hazenfamilie, bestaande uit wel twintig hazen van verschillend formaat.

'Vandaag,' sprak Jager hen vanaf de duintop toe, 'maken we eens geen ruzie over wie op wie verliefd is en er wordt ook niet in de Boshut aan de tapkast gehangen, want we hebben belangrijkere zaken aan ons hoofd.' De hazen zaten doodstil op hun achterpoten te wachten op wat komen ging. 'Beer is jarig,' zei Jager en even schoot hem de ontroering in de keel, maar hij deed of hij zich met zijn hand voor zijn ogen tegen de zon in het oosten moest beschermen en vervolgde: 'Hij moet veroordeeld worden, dat staat nu eenmaal geschreven, maar ik was van plan zijn laatste verjaardag hier te vieren en ik heb besloten jullie allemaal uit te nodigen.' De hazenfamilie stampte enthousiast op de grond. 'Hoi, een partijtje,' riepen ze, 'leven in de brouwerij.' Jager studeerde vervolgens met hen het verjaardagslied in, waarbij sommigen, die de derde stem beweerden te zingen, wel heel erg vals bleven klinken. Het klonk ongeveer als het afmeren van de boten bij de haven, maar de geestdrift maakte veel goed. Iedereen kreeg de opdracht voor een cadeau te zorgen en zich twintig minuten later bij de Orebeet te verzamelen.

Daarna haastte hij zich naar huis, waar hij van verre al de droeve kop van Beer voor het keukenraam zag. 'Je moet je post niet zo open en bloot laten slingeren,' was het eerste wat Beer zei terwijl hij op de brief van Lange op tafel wees, 'maar het geeft niet. Ik had het al van horen zeggen.' Stom, stom, stom, dacht Jager, maar hij moest zich te veel haasten om erop in te gaan. Hij pakte een grote rugzak en deed daar een paar flessen honingwijn in. Hij smeerde in een razend tempo broodjes en suikerkoek, die hij in het voorbijgaan nog even bij bakker Klontje had gekocht, en hij dook in de kast van zijn grootvader om er een cadeau voor Beer te zoeken.

Hij was net klaar toen ze een groot kabaal hoorden. 'Daar heb je de stoottroepen,' zei Beer en even leek het erop dat hij op wilde staan, maar hij bleef zitten. Op het pad dat naar de Orebeet leidde verscheen de hazenfamilie. Een paar sloegen op de trommel, anderen sloegen pannendeksels tegen elkaar. Weer anderen droegen slingers of kleine pakjes. Ze groepeerden zich naar grootte: de kleine hazen voorop en de grote hazen met bril achteraan. Ze openden hun monden – en daar klonk het afmeren van de boten weer. De tekst luidde aldus:

Mijn vader droeg een hoge hoed,
mijn moeder had problemen.
Mijn knieën knikken drie maal daags
als ik steeds weer weten wil
wat nu grote dingen zijn
en wat echt hele kleine.
Bij honing en wijn
moet er een Beer zijn
voor wie het vanzelfsprekend is (bis)
wat de grote dingen zijn
en wat de hele kleine.

'Je bent jarig Beer!' schreeuwde Jager, 'kom op, je bent jarig!' 'En het proces dan?' vroeg Beer verbaasd, 'en mijn veroordeling?' 'Dat zien we dan wel weer,' riep Jager en hij hoorde hoe hij zichzelf een beetje overschreeuwde. Maar hij duwde Beer naar buiten, schouderde zijn rugzak, pakte het cadeau voor Beer en liep voor ze allemaal uit, weg van de Berkenplas, richting Kobbeduinen.

Wat een vrolijke stoet gaat daar. Voorop loopt Jager, die zijn knieën hoog optrekt om het tempo erin te houden. Links en rechts van het pad springen vijftien hazen met geweldige sprongen door de doornstruiken en het helmgras: het is net alsof ze in de lucht even blijven staan in die sprong. De stoet wordt gesloten door drie trommelende hazen en daarachter twee hazen die pakjes dragen. En in hun midden loopt Beer op vier poten. Eerst laat hij zijn kop nog hangen. Maar het getrommel haalt hem uit zijn mistroostigheid en als hij opkijkt ziet hij dat Jager zijn geweer thuis heeft gelaten. Een Beer, geen Beer. Nog eventjes, voor vandaag: Beer!

Beer had nog nooit zo'n verjaardag meegemaakt als deze laatste in de Kobbeduinen. Eerst had hij alle cadeaus moeten uitpakken. Er was een mondharmonica bij geweest en een paar sokken dat Beer niet paste; een zonnebril die te klein was, maar waarmee hij op het puntje van neus nog aardig kon manipuleren; en veel koek en snoep, waarvan het grootste deel door de hazenfamilie zelf werd opgepeuzeld. Kon Beer wat schelen – zo gelukkig was hij geweest. Van Jager had hij een lichtblauwe picknick-koffer gekregen, waar alles in zat: trommeltjes voor brood, flessen voor honingwijn en honingthee, bordjes, kopjes, mes en vork en glazen potten met een lichtblauwe schroefdop voor zuivere honing. 'Maar Jager,' had Beer gezegd, 'deze is nog van je grootvader. Wil je die echt aan mij geven?' 'Je kunt hem altijd nog nodig hebben,' had Jager gezegd en de andere kant op gekeken.

Iedereen had veel gedronken. Ze hadden haasje-over gespeeld en wie er het langst stil kon zitten en hoeveel neuzen er te tellen waren. Beer had in zijn eentje de derde akte van de opera van Feducci vertolkt, zichzelf begeleidend op de mondharmonica en de dramatische thematiek van de akte had een groot deel van de hazenfamilie tot een peinzend zwijgen gebracht. Toen de zon onderging achter de West hadden ze gezamenlijk voor Beer nog een keer het muzikale schip laten afmeren en Beer had met zijn kop moeten schudden om zijn ontroering niet te laten blijken.

Nu lagen Beer en Jager voor het dovende haardvuur. Ze sliepen al bijna. Beer dacht: hij is mijn vriend, die Jager. Ik wil graag ook zijn vriend zijn. Dat zal ik hem tonen door morgen met hem mee te gaan naar de Commissie Onderzoek Wanhoop of Beestachtigheid. We kunnen er toch niet mee doorgaan zo om elkaar heen te draaien. Dit was een mooie dag. Die heb ik gekregen. Van hem. Gelukkig ben ik weer slaperig. Hij legde zijn poot op Jagers ronde hoofd. 'Je bent een vriend Jager,' zei hij. Jager deed of hij al sliep. Ik hoop het, dacht hij, bij de ziel van mijn grootvader, ik hoop het.

Dit is het negende verhaal van Beer en Jager

Het was eenentwintig maart, de eerste dag van de nieuwe lente, dat Beer en Jager samen op de Badweg liepen, op weg naar het dorp. De ijsriffen in de zee waren nu voorgoed verdwenen en aan de elzen en de brem zag je al knoppen, maar niets stond nog in bloei. Alleen aan het drukke gekwinkeleer van de vogels kon je merken dat er dingen stonden te gebeuren in het struikgewas.

Beer en Jager gingen zwijgend naast elkaar voort. Het was de laatste dag van het proces en de zaken liepen niet naar wens. Er waren iedere dag meer toeschouwers aanwezig geweest en de stemming was om onduidelijke redenen anti-Beer. De hazenfamilie vermeed zelfs 's avonds in de Boshut Beer en Jager in de ogen te kijken en er werden geen rondjes meer besteld. Zo is het ook: wie veroordeeld zal worden staat alleen.

Op het open veld voor de Boshut werden elke avond nieuwe tribunes bijgebouwd voor de toeschouwers en toen Beer en Jager naar het podium liepen was de zaak afgeladen vol. De hazenfamilie bezette de eerste rijen en daarachter zaten familieleden van Lange en van de officier van justitie, Knoopje d'Anjou, die vanwege zijn naam dacht dat hij van Franse adel was maar dat nooit had kunnen bewijzen. De leden van de Commissie Onderzoek Wanhoop of Beestachtigheid zaten op gecapitonneerde stoelen opzij van het podium. Ze droegen hoge boorden en zwarte overjassen en hadden veel last van verkoudheid, zodat ze veelvuldig een klein hoestje ten gehore brachten. Beer groette beleefd de Commissie en Lange en Knoopje d'Anjou en liet zich voor het podium door zijn poten zakken. Jager bleef opzij van het hele gebeuren staan. Hij had zicht op iedereen.

Lange opende de laatste dag van het proces, de dag waarop een oordeel geveld moest worden, of ze dat nu leuk vonden of niet. Eerst moesten ze de hele rattenplan van de vorige procesdagen nog maar eens doornemen, zei hij. Lange drukte zich met al zijn waardigheid nog wel eens populair uit. Dat werd gewaardeerd door de hazenfamilie op de eerste rij.

Zo liepen ze alles nog eens langs: de resultaten van

de Commissie, die vooral bestonden uit onopgehelderde zaken, zoals de vraag waar Beer altijd bleef van eenentwintig oktober tot drieëntwintig februari. Beers gemompelde verdediging 'winterslaap' werd resoluut weggekucht. Dan de getuigen à charge, vooral afkomstig van het andere eiland, die stuk voor stuk hadden geweigerd voor het gerecht een belastende verklaring af te leggen. 'Het zijn vrienden,' had Beer glimlachend ter verontschuldiging gezegd en dat was verdacht. Toen het psychologisch onderzoek, waarin Beer gekenschetst werd als slaperig, intelligent, zwijgzaam en, in geval van alcohol, overmoedig. Het woord alcohol viel zwaar.

Maar, had Lange gevraagd, sprak het psychologisch rapport nu ten voordele of ten nadele van de verdachte? 'Zoals u het bekijkt excellentie,' had de psycholoog geantwoord, maar voor zichzelf wilde hij wijzen op het woord zwijgzaam. Dat kon toch nauwelijks een positieve eigenschap genoemd worden, wel? Zo iemand kon van alles in zijn kop uitbroeden. De hazenfamilie had angstig naar Beer gekeken en ijverig geknikt op de woorden van de psycholoog. Het was griezelig wat Beer allemaal in zijn kop aan het denken was. Hij sprak er nooit over en dat was allemaal heel bedreigend.

Er was aan verdachte gevraagd waarover hij zoal dacht als hij zijn mond hield. 'Filosofie,' had Beer gebromd en er was een rilling van afschuw door de rijen toehoorders gegaan bij het horen van dat woord. Beer had voorbeelden moeten geven. 'Bij voorbeeld waar iedereen blijft als je niet aan ze denkt,' had hij gezegd, daarmee een storm van verontwaardiging ontketenend. 'Of hoe de mieren weten dat ze niet tegen elkaar moeten opbotsen als ze aan het werk zijn.' Of hoe het kwam dat zijn naamgenoot de Grote Beer op een steelpannetje leek, een vorm die noch troostgevend was, noch op enige manier betekenis leek te hebben. De psycholoog was na deze voorbeelden weggesneld om zijn rapport bij te stellen, maar de rest van de aanwezigen vond dat daar niet op gewacht hoefde te worden. De conclusie was duidelijk.

Nu nam Knoop d'Anjou het woord. Hij wiste zich met een rode zakdoek het zweet van zijn voorhoofd en sprak: 'Edelachtbare Lange, Leden van de Commissie, geachte toehoorders. Het feit dat wij geen getuige à charge hebben gevonden en daardoor ook geen getuigen à décharge voor het parket hebben hoeven brengen, heeft mij in genen dele gerustgesteld. Stelt u zich de situatie voor: er komt op dit eiland een vreemde Beer. Vestigt zich hier. Verdwijnt elk jaar voor een paar maanden. Over zee komen geruchten aangewaaid als zou hij een kostbare viool in tweeën hebben gebroken en ook nog iemand anders. En ten slotte – de zwaarste beschuldiging mijns inziens – zou hij een instantie gemolesteerd hebben. Het was een lagere ambtenaar, een hinderlijke kerel die het al te letterlijk nam met het invullen van formulieren, toegegeven, maar het vergrijp is in mijn ogen buitengewoon ernstig. Dat verdachte de niet opdagende getuigen "vrienden" noemt, wijst op een komplot waarvan wij hier helaas de omvang niet kunnen vaststellen. Ten slotte het psychologisch rapport. Ik kan u er, edelachtbare, niet genoeg op wijzen,' Knoopje d'Anjou veegde andermaal het zweet van zijn voorhoofd, smakte met zijn lippen en liet zijn blik over de toeschouwers dwalen, die met open monden zaten te luisteren. In de verte zat zijn vrouw met goedkeurend knippende ogen. 'Ik kan er niet genoeg op wijzen welk een golf van schrik dat rapport onder de eilandbewoners teweeg heeft gebracht. Ter bescherming van de rust op het eiland pleit ik voor een levenslange verbanning van Beer van ons eiland.' Hij ging zitten.

De menigte zuchtte teleurgesteld. Hadden ze daar nu een dag vrij voor genomen? Voor zo'n mild oordeel? Ze begonnen opgewonden elkaar over hun angst voor Beer te vertellen. Lange gebood stilte. Hij nam het voorstel van Knoopje d'Anjou over, bekrachtigde het met de hamer en vroeg of de veroordeelde nog een laatste woord wilde.

Beer had een beetje zitten doezelen onder de woorden van Knoopje d'Anjou, maar hij had alles gehoord. Hij had de hazenfamilie achter zijn rug horen fluisteren en zich zijn verjaardag herinnerd, toen alles nog goed en heel was. Wat konden dingen toch snel keer en tegenkeer worden. Maar alles was zoals het was, wist hij. Het was een geheimzinnige combinatie van factoren die plotseling onder het mom van redelijkheid een zwarte wind in de harten van anderen zaaide.

Hij keek naar Jager en plotseling deed zijn keel erge pijn. Jager, dacht hij, je kan het niet verhinderen, je hoort bij hen en ook weer niet, ik begrijp het niet goed. Ik zal je missen. Hij stond waardig op.

'Edelachtbare en alle anderen,' zei hij, 'het proces is verlopen zoals het ergens geschreven stond, al weet niemand precies waar. Ik leg me bij het vonnis neer. Er is slechts één ding dat ik nog wil zeggen. Op het andere eiland was ik Beer en hier ben ik Beer geweest. Er schuilt een grote kracht in mij, die ik met waardigheid en overtuiging draag. Geen van u allen, ook niet degenen die mijn verjaardag tot een onvergetelijke dag hebben gemaakt, kan dat wat binnen in mij huist kapot maken. Toch is het juist die kracht die mij van de twee eilanden waar ik graag zou willen leven, heeft verdreven. Daarom wil ik uitspreken wat het hof niet heeft willen uitspreken: ik ben schuldig. Schuldig aan het breken van een kostbare viool, aan het breken van een nog kostbaarder ander iemand. Het dor persoon met de formulieren laat ik buiten beschouwing. Ik ben ten slotte, ten derden male, schuldig aan zwijgzaamheid.' Hij zakte terug op zijn poten.

Er ontstond een consternatie bij het publiek en bij de Commissie Onderzoek Wanhoop of Beestachtigheid. Men sprong op, hief gebalde vuisten, riep door elkaar heen. 'Hij is schuldig, hij zegt het zelf,' riep men. 'Hij bekent,' riepen de anderen. 'Dit verandert de zaak,' riepen de leden van de Commissie. 'Zet 'm op, zet 'm op,' riep de jongste generatie hazen. 'Herziening van het vonnis,' riep ten slotte iedereen en ze dreigden van hun banken af te komen en de tafel op het podium te gaan bestormen.

Knoopje d'Anjou deed zenuwachtig het bovenste knoopje van zijn overhemd los. Hij ademde zwaar en had een hoogrode kleur gekregen. De leden van de Commissie omsingelden hem en sloegen hem met hun dossiers om de oren. De stoutmoedigste leden van de hazenfamilie probeerden de voorzitterstafel omver te werpen. Schuldig! Schuldig! klonk het overal. Tussen het tumult zat alleen Beer rustig zijn lijf heen en weer te wiegen en aan de rand van het rumoer stond Jager, stokstijf, verlamd van schrik.

'Stilte. Op uw plaatsen!' brulde Lange en hij mepte met de voorzittershamer gevoelig op lange hazentenen. Toen iedereen weer op zijn plaats zat, schorste Lange de vergadering en verdween met Knoopje d'Anjou en de Commissie Onderzoek Wanhoop of Beestachtigheid in de Boshut.

Toen ze na een kwartier terugkwamen nam Lange het woord.

'Ik heb overleg gepleegd,' zei hij. 'De rechtspraak dient ervoor de gemeenschap te beschermen, de beklaagde te beschermen en wraakgevoelens te honoreren. De gemeenschap werd beschermd door het eerste vonnis, evenals de beklaagde. Wij als rechterlijke macht hebben ingezien dat de derde partij schandelijk verwaarloosd is en hebben het vonnis herzien. Aangezien beklaagde zelf schuld heeft bekend, let wel, nadat hij een zeer clement vonnis over zichzelf had horen uitspreken, spreken wij nu het herziene vonnis uit: de doodstraf, te voltrekken onmiddellijk na uitspraak, in aanwezigheid van allen. Dat ieder zich naar behoren gedraagt. Ik heb gesproken.' En Lange deed de hamer op tafel neerkomen.

De toeschouwers leunden tevreden achterover. Het was alsof hun harten lichter klopten. Ze maakten in gedachten alweer plannen hoe ze vanavond eens gezellig bij familie langs zouden gaan, in huis vallend met de woorden: 'Wat ik nu toch vanmiddag heb meegemaakt...'

Lange overlegde achter de tafel even met Knoopje d'Anjou. Die knikte. Toen sloeg Lange opnieuw met de hamer op de tafel. 'Jager,' beval hij.

Jager kwam vanuit zijn afzijdige positie met knikkende knieën naar voren. Hij stelde zich op het podium voor de tafel op, zijn rug naar Beer toe gekeerd. Hem werd gevraagd zijn eed als Jager uit te spreken. Hij sprak de woorden en dacht aan zijn grootvader: 'Wat je wilt jongen, doet er niet toe, als je maar wilt.'

'Jager,' sprak Lange plechtig.

'Edelachtbare?' antwoordde Jager.

Dit is het tiende verhaal van Beer en Jager

Op het weigeren van uitvoering van een bevel van het hof stond de doodstraf, wist Jager, terwijl hij het magazijn van zijn geweer vol liet lopen met kogels. Hij probeerde aan iets anders te denken. Toen vroeg hij zich plotseling af of hij het gas onder de koffiepot in de Orebeet wel had uitgedraaid. Dat was wel heel belachelijk om daar nu aan te denken, maar hij kon het niet helpen, zijn gedachten bleven bezig met de koffiepot. Zijn jagersinstinct zei hem dat hij op dit moment niemand in de ogen moest kijken, zeker Beer niet, die door tientallen behulpzame handen op het podium werd geholpen.

Hij had makkelijk zijn poten kunnen uitslaan, Beer, en ze allemaal een doodklap kunnen geven om zich dan uit de voeten te maken. Maar hij vond het allemaal niet de moeite waard. Binnen in hem huilde er wel iets, maar zijn grote warme lijf zorgde ervoor dat er niets naar buiten kwam. Als je eenzaam bent, knap je de zaak alleen op. Hij wist nu wel wat hij aan zijn kameraden had. En toch, zei hij tegen zichzelf, was je verjaardag leuk, dat heb je tenminste gehad, dat neemt niemand je af. En je hoeft ook niet meer bang te zijn dat je in een slapeloze nacht heimwee krijgt naar je verjaardagspartijtje of dat je aan nog verschrikkelijker dingen moet denken.

Hij werd in zijn gedachten gestoord door Lange, die vroeg of hij nog een laatste sigaret wilde roken, of een andere wens had. Beer rookte niet. 'M'n picknick-koffer,' zei hij.

Iedereen was zo opgewekt door het vonnis dat vijf leden van de hazenfamilie onmiddellijk opsprongen om binnen de kortste keren de picknick-koffer uit de Orebeet te halen, waar Beer de dagen van het proces ingekwartierd was.

Jager liep intussen heen en weer. Hij had zijn hele voorraad van vijf kogels in het magazijn. Zijn ogen hadden een vastberaden uitdrukking. Het belang van de gemeenschap stond op het spel en hij was de uitvoerder. Dit was de vuurproef. Hij moest nu waarmaken waar zijn grootvader hem van jongsaf aan voor had opgeleid. Al die buitenlucht en wilskracht zouden nu hun beslag krijgen. Het enige waar hij zich een tikje voor schaamde, was dat zijn gedachten cirkelden rond dat koffiepotje op het vuur. Maar er was niemand die dat merkte. Integendeel, ze maakten eerbiedig plaats voor Jager, die met een frons tussen zijn wenkbrauwen heen en weer liep. Geeneen durft hem te naderen. Ook Jager is eenzaam, maar hij voelt het nog niet.

Toen kreeg Beer de lichtblauwe picknick-koffer in handen gedrukt. Hij knipte hem open om te kijken of alles er nog was. De messen, de lepels, de twee blauwe trommels voor boterhammen, de twee glazen potten met de blauwe schroefdeksels voor honing, de borden en de kopjes. Hij beefde even en knipte het deksel dicht.

Iedereen was achter Jager komen staan. Beer zat nu helemaal alleen met de lichtblauwe koffer tussen zijn poten op het podium. Jager schouderde zijn geweer en richtte tussen de ogen van Beer. Hij ontgrendelde het magazijn. Hij was volkomen rustig, dacht slechts aan zijn koffiepot. Als zijn huisje bij thuiskomst maar niet afgebrand bleek, dacht hij en zijn vinger spande zich om de trekker.

'Adieu,' zei Beer en Jager schoot.

Soms, in uiterste gevallen, gebeuren er dingen die wie weet achteraf, maar nooit op het moment zelf zijn te verklaren. Jager was een uitnemend schutter, hij had een kast vol met prijzen voor het in de lucht gegooide denneappels schieten op een afstand van elf meter. Nu stond hij slechts vijftien meter van Beer vandaan, maar de kogel maakte in die vijftien meter een kromme baan en vloog tussen Beers ogen door. 'Goeie genade,' zuchtte Beer en hij streek met een poot over zijn verschroeide hoofdhaar. 'Goeie genade,' zuchtte iedereen als een echo achter Jagers rug.

Jager kwam bij zijn positieven. Het was of hij wakker werd uit een bedonderde droom. 'Wacht!' gilde hij, 'dit is nog maar het begin.' Hij ontgrendelde opnieuw zijn geweer. 'Hier!' riep hij en schoot de volgende kogel af, vlak naast Beers linkeroor. 'Deze is voor Lange en deze...' (de volgende kogel scheerde langs Beers rechteroor) '...is voor Knoopje d'Anjou. En deze...' Jager schreeuwde het uit, terwijl hij mikte op het zand vlak voor de picknick-koffer in Beers poten, '...is voor de hazenfamilie.' De vierde kogel beet in het zand, dat terecht kwam in Beers ogen. Hij moest wrijven.

Maar Jager had zijn geweer opzij gegooid en zette het op een lopen, weg van die beroerde plek, weg van zijn leven, waar nu een prijs op stond. Hij sloeg de hoek om en was verdwenen. Iedereen was te verbijsterd om hem achterna te gaan.

De eerste die zijn verstand weer bij elkaar kreeg was Knoopje d'Anjou. 'Blijf zitten Beer,' riep hij, terwijl hij met één sprong bij het weggegooide geweer was, 'en verroer je niet.' 'Hoe kan ik dat nou?' vroeg Beer verontwaardigd, 'met al dat zand in mijn ogen?'

'Luister,' riep Knoopje d'Anjou en hij deed zijn jasje uit. 'Ik weet hoe ik met een geweer moet omgaan. We hebben, als het goed is, nog één kogel. Ik zal, met jullie goedkeuren, het vonnis voltrekken. Vertrouw op mij.' Hij legde het geweer aan zijn schouder en mikte tussen Beer zijn ogen. 'Ten slotte,' riep hij met zijn wang tegen de kolf, 'heb ik mijn leven al heel wat smakelijker hazen neergelegd.' En hij kromde zijn vinger om de trekker.

De hazenfamilie stak al zijn lepels omhoog bij de laatste uitspraak van Knoopje d'Anjou en een klein hazekind, dat nog niet geleerd had hoe het leven kon zijn, maar al wel een beugeltje voor zijn tanden moest dragen, kreeg van schrik de hik. Helaas hikte het kind precies op het moment dat Knoopje d'Anjou vuurde en een minieme schrik over het hikgeluid achter zijn rug zorgde ervoor dat de kogel van Knoopje d'Anjou rakelings langs Beers hoofd vloog en zich in het hout van de Boshut boorde.

Beer stond moeizaam op. Hij wankelde, vervaarlijk groot, naar de rand van het podium. 'Zo is het waarachtig wel genoeg,' gromde hij. 'Als ik jullie was, zou ik het eerste vonnis maar voltrekken. Dit kost me vijf jaar van m'n leven.'

'Er zitten geen kogels meer in!' gilde Knoopje d'Anjou overstuur. Zijn vrouw trok aan zijn overhemd en probeerde hem te kalmeren. Zijn gezicht had hij nu toch verloren. De hazenfamilie probeerde hautain heel stil te zitten. De laatste opmerking van Knoopje d'Anjou beviel hun allerminst en ze wisten niet goed of ze nu stampei moesten gaan maken of het hazepad moesten kiezen voor deze maniak. Hautain stilzitten leek hun het beste. De Commissie Onderzoek Wanhoop of Beestachtigheid voelde zich verlegen met de situatie. De leden kuchten veelvuldig maar er was niemand die precies wist wat ze daarmee bedoelden.

Ten slotte was het Lange die de knoop doorhakte. Hij pleitte kort en bondig voor uitvoering van het eerste, en dus oorspronkelijke vonnis en keek tevreden toen iedereen daar verslagen mee instemde. Binnen een uur zou Beer op een ballingvlot gezet worden en nooit, in geen zevenenvijftig jaar, zou hij nog een voet op het eiland mogen zetten.

Maar waar was Jager? Waar was de man op wie de dood nu wachtte?

Jager was als een idioot door de duinen gesprongen, van links naar rechts, duikelend, handstand makend, sluipend, om maar zoveel mogelijk sporen uit te wissen. Zo nu en dan ging hij even in een duinpan liggen om op adem te komen. Zijn oren waren gespitst. Hij moest nu zorgen dat hij uit hun handen bleef. Ze zouden de ene kogel die hij over had gelaten op Beer afvuren. Dan zouden ze hem zoeken, hem opsluiten, nieuwe kogels bestellen – en dan was hij aan de beurt. Moedeloos zonk hij op de noordoostpunt van het eiland neer. Daar waar de moerassen waren.

Het was afgelopen met hem. Hij kon niet terug, hij kon niet heen, het was tenslotte een eiland. Zijn eiland nota bene. Waarom was hij ook ooit Jager geworden? Dat was geen baan voor hem, met zulke consequenties. Hij steunde zijn ellebogen op zijn knieën, keek naar de zee en naar het zwaaiende licht van de vuurtoren dat de schippers wijst dat hier een Jager zit die verloren heeft. Het is nog niet echt donker. De maan is al in opkomst.

Jager huilt om zijn opvoeding: jongen, wat je wilt doet er niet toe, als je maar wilt. Hij huilt nu volop en geluidloos.

Maar om de West kwam Beer drijven op zijn vlot. De stroom voerde hem langs de noordkust van het eiland. Tegen de lichtende hemel zat hij afgetekend als een grote Beer met een rechthoekige picknick-koffer tussen zijn poten. Hij dacht na over de vraag of de sterren lichtende stenen waren, of gaten in een zwarte doek – en wat het verschil zou zijn als je het ene geloofde of het andere.

Daar ziet de starende Jager het vlot. Hij onderscheidt Beer, nadenkende Beer. Voordat hij weet wat hij doet heeft hij zijn jas en zijn schoenen uitgetrokken en loopt hij het duin af, de zee in. Het water is koud, eigenlijk te koud voor een klein iemand als Jager. Het is nog niet te donker om te zien waar hij heen wil zwemmen. Hij probeert eerst de schoolslag, dan de rugslag. Hij blijft even watertrappen omdat de temperatuur van het water zijn longen lijkt dicht te slaan. Dan zwemt hij weer verder.

'Hola,' zei Beer toen hij het natte hoofd van Jager aan de rand van het vlot gewaar werd, 'ben jij het Jager? Kom aan boord.' En hij hees Jager, die klappertandde van het koude water, op het vlot. 'Moet ik je terugbrengen?' vroeg Beer, 'ik ben namelijk in ballingschap.' 'Nee,' zei Jager bibberend, 'ik ben nu ten dode opgeschreven, daar. Ik kan niet terug. Ik ga met je mee. Als je geen bezwaar hebt.' 'Niet in het minst,' zei Beer, tevreden geeuwend, 'ik was daar tenslotte ook ten dode opgeschreven.'

Het vlot drijft langzaam voorbij het eiland, de volle zee op. De vuurtoren bereikt hen nog, maar voor hoe lang? De maan klimt op, om hen verder te belichten.

'Ik heb het koud,' zei Jager, 'ik overleef dit niet.' 'Kom hier,' antwoordde Beer en hij trok Jager tussen zijn poten en klemde hem aan zijn borst. Jager nestelde zich bevend en rillend tussen die grote poten, die hem als een firmament omspanden. 'Waar gaan we eigenlijk heen?' vroeg hij. 'De Noordelijke IJszee, vrees ik,' mompelde Beer.

Op langzame golven drijft het vlot verder. Ze zijn nu nog slechts te zien als twee merkwaardige gestalten in de door de maan verlichte zee. Misschien zijn ze al geworden tot figuren in een droom die voorbijdrijft. Links van hen tekent zich het silhouet af van een rechthoekig, onduidelijk te identificeren iets. Het is de picknick-koffer.

Verantwoording

Beer en Jager verscheen in 1987 bij uitgeverij Querido.